ÉLÉMENTS
D'AGRICULTURE

DANS LA FLANDRE FRANÇAISE,

PAR

Benoît-Joseph DEHAENE.

Conseils aux Cultivateurs.

LILLE,
IMPRIMERIE DE L. DANEL.
1861.

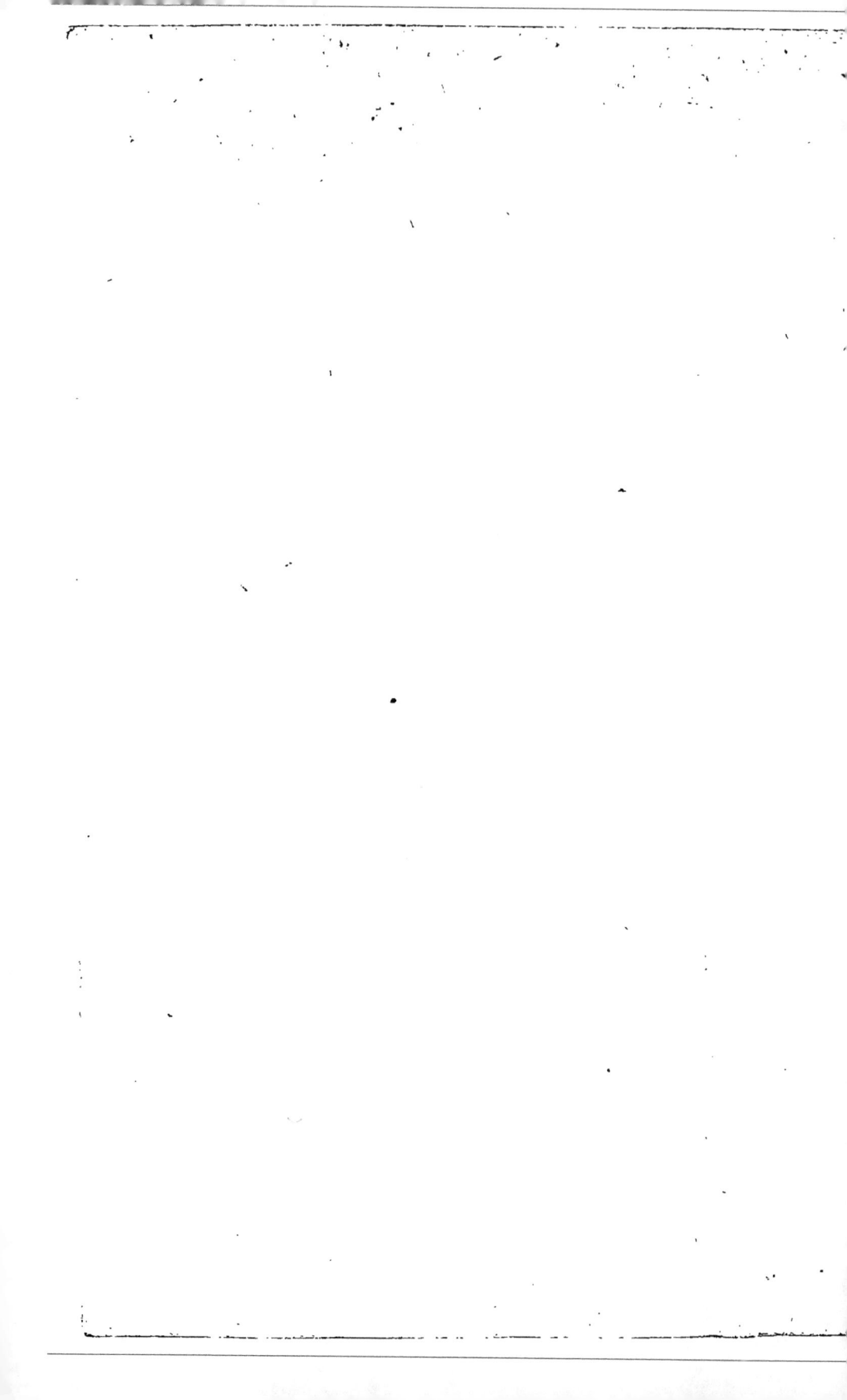

ÉLÉMENTS

D'AGRICULTURE

DANS LA FLANDRE FRANÇAISE.

ÉLEMENTS
D'AGRICULTURE

DANS LA FLANDRE FRANÇAISE,

par

BENOÎT-JOSEPH DEHAENE.

———⸭———

CONSEILS AUX CULTIVATEURS.

LILLE,
IMPRIMERIE DE L. DANEL.
1861.

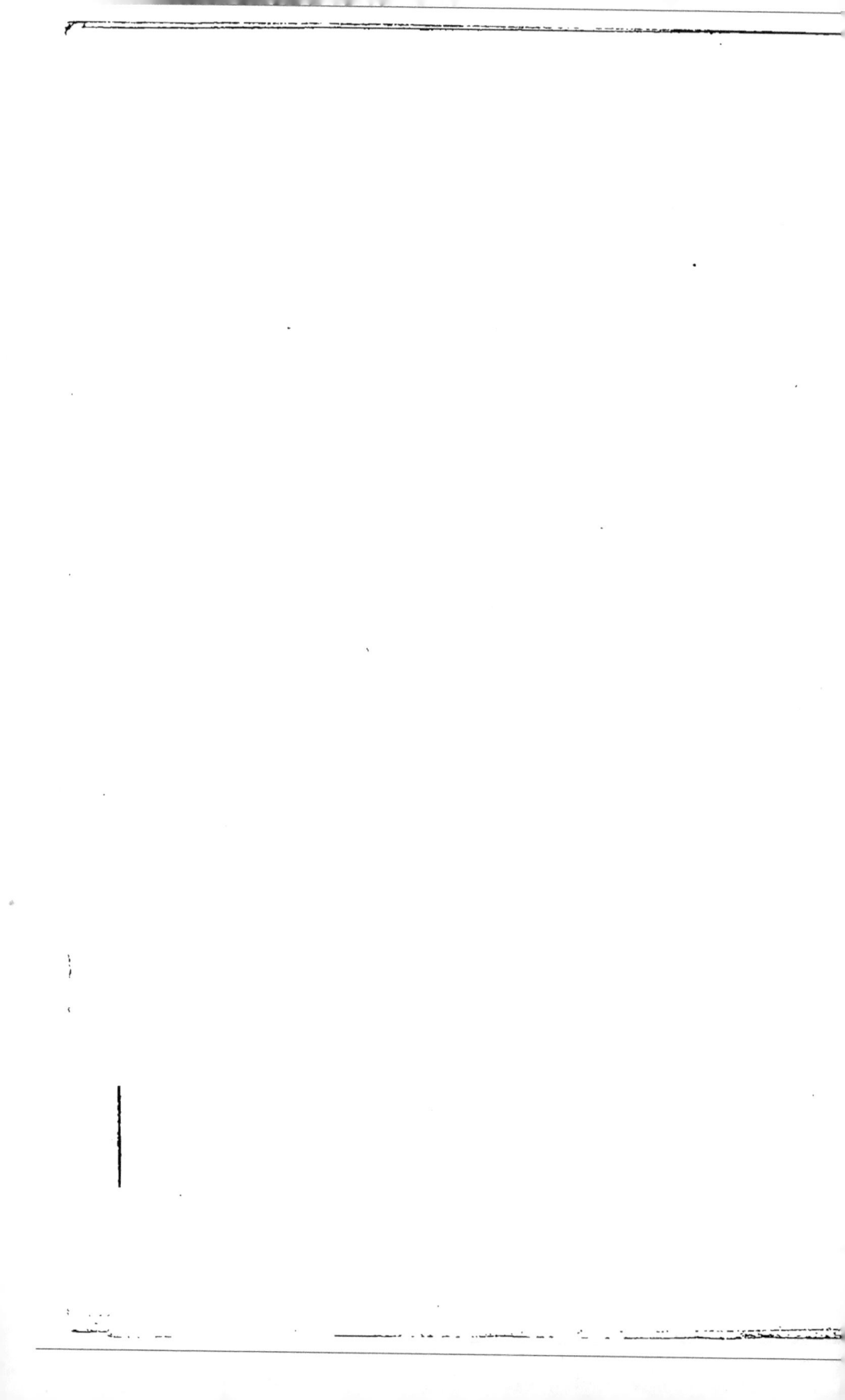

ÉLÉMENTS

D'AGRICULTURE

DANS LA FLANDRE FRANÇAISE.

— •• —

CONSEILS AUX CULTIVATEURS.

——

1.re ACTION.

Emplacement, Mariage.

Celui qui désire être fermier doit : 1° se sentir de l'inclination pour la culture, 2° être capable d'exercer, 3° être exact et juste, 4° avoir des moyens, 5° avoir un emplacement convenable. A ces qualités on doit joindre l'activité et la circonspection dans toutes ses actions.

Avant de se placer dans un établissement de culture, l'homme doit se procurer, par mariage, une femme qui soit à peu près de son âge, 30 ans environ, et qui ait les qualités requises. Etant mariée, c'est à la femme de réveiller les servantes au point du jour, et de se lever en même temps pour allumer le feu, puis se laver et faire ses prières du matin, de traire ensuite les vaches, ou du moins d'assister à cet ouvrage, et de bien examiner si les servantes ont tiré la dernière goutte de lait.

Lorsqu'on doit cuire le pain ou battre le beurre, on doit le faire de grand matin; si on a de jeunes enfants, on doit les faire lever et les habiller dans l'intervalle, afin que tout soit fait avant le déjeûner en été et pour qu'ensuite les servantes puissent travailler aux champs, car rien n'est plus beau pour une femme de ménage que d'être propre et de préparer le déjeûner, le dîner et le souper toujours pour l'heure fixe; une bonne fermière doit, les prières du soir dites, avoir soin de couvrir le feu, afin d'obvier à tout incendie, et bien fermer toutes les portes à neuf heures précises.

2.ᵉ ACTION.

Si l'épouse doit sortir pour aller au marché ou ailleurs, elle doit ordonner à une de ses servantes de donner à boire et à manger comme à l'ordinaire, hâter son retour, mettre ses vêtements de travail aussitôt qu'elle est rentrée, puis s'assurer si tout est en ordre, et, au moindre doute, donner une vive réprimande.

3.ᵉ ACTION.

Surveillance de la Fermière.

La fermière doit bien surveiller les servantes qui donnent à boire et à manger aux bestiaux, car chaque animal doit recevoir sa portion en bonne substance, ni trop grande ni trop petite; les auges et les seaux doivent être propres et bien entretenus; elle doit aussi apprendre à coudre à ses jeunes filles et à ses servantes, et les faire filer pendant l'hiver; ceci est très-nécessaire pour avoir du linge dans le ménage.

4.e ACTION.

Devoirs de la Fermière.

La fermière doit faire en sorte qu'elle ait toujours de bons pain, beurre et lard, prendre garde que ses gens de travail ne soient malhonnêtes à table, mettre ses jeunes enfants au lit avant le souper.

Pour avoir de bon pain, on doit avoir de là bonne farine; il faut un levain qui pèse un peu plus d'un kilogramme et demi pour cuire un hectolitre de froment bien moulu; le reste est aux soins de la fermière; elle n'oubliera point de mettre une pleine chopine de vieille bière.

Pour que le beurre soit bon, il faut que les vaches soient en bonne santé, qu'elles aient mangé une bonne nourriture, qu'on ait soin de la fermentation de la crême et qu'on batte doucement.

Pour avoir de bon lard, on doit prendre garde que le cochon ne soit en chaleur au moment de le tuer, le laisser bien refroidir, c'est pourquoi on tue pendant l'hiver; le découper en morceaux qu'on mettra dans une cuve à ce expressément destinée, saler ce lard; on compte qu'il faut à peu près **26** à **28** litres de sel de cuisine pour saler un porc d'environ **200** kilogrammes ; laisser dans la cuve pendant sept à huit semaines, ensuite faire sécher pendant quelques jours dans une cheminée où on fait un feu de bois, puis on les suspend dans un endroit bien sec qu'on aura soin de fermer à clé.

La fermière doit aussi observer dans sa maison les commandements de l'Eglise et bien apprendre à ses enfants et à ses sujets leurs devoirs religieux ; elle doit même amener ses jeunes enfants à la messe et souvent aux vêpres, les garder à ses côtés, veiller à ce qu'ils soient modestes et propres, et qu'ils aient les regards baissés.

5.ᵉ ACTION.

Gouvernement de la Fermière.

La fermière doit gouverner la cave, l'armoire, la lingerie et généralement tout ce qui concerne le ménage, dont elle aura soin de procurer le nécessaire le dimanche ou le jour de marché, afin de n'éprouver aucun embarras les jours ouvrables ; elle doit aussi avoir grand soin des vaches, des

1*

veaux, des cochons et de tout autre bétail, et les tenir toujours en bonne fraîcheur au moyen de la rinçure ; les tourteaux de graines de lin ou autres et le son ne doivent pas être épargnés.

C'est encore la fermière qui doit tenir, sous la surveillance de son mari, journal de ce qui regarde le ménage et toujours payer strictement les petites dettes ; par-dessus tout, elle doit prendre garde de ne point sortir sans nécessité pendant la moisson et pendant le temps de ses lessives, lesquelles ne doivent jamais se faire durant ce temps précieux.

<h2 style="text-align:center">6.e ACTION.</h2>

Veaux à élever.

Sur deux vaches à lait, une fermière doit élever un veau ; les veaux doivent être placés dans la grange ou dans une autre place bien spacieuse, sur un terrain sec, et avoir une bonne litière ; leur boisson sera, pendant l'été, du lait dont la crême est ôtée, et, pendant l'hiver, une bonne rinçure à laquelle on joindra une poignée de farine de seigle, d'orge ou de paumelle ; ne leur donner ni trop ni trop peu ; elle soignera elle-même ses veaux ou surveillera attentivement les servantes qu'elle aura chargées de cette tâche ; lorsque les veaux peuvent supporter le climat , on doit les laisser courir dans la pâture, même pendant l'hiver, mais alors on doit les mettre à l'étable, la nuit, et leur donner à chacun une poignée de foin ou de meilleure paille.

7.ᵉ ACTION.

Cochons à élever.

Lorsque les cochons sont mis bas, on doit bien nettoyer l'étable et couper de la paille qu'on épendra pour la couche des petits ; on les fera châtrer vers l'âge de sept semaines ; si la truie est en chaleur, ou attendra , pour la faire châtrer, que la chaleur soit passée , ou on ne la fera point châtrer.

Pour nourrir des cochons , on doit avoir une cuve presque toujours pleine , soit de lait dont la crème sera ôtée, soit de rinçure dans laquelle on mettra des tourteaux de graine de lin, de la farine de seigle, d'orge, de paumelle ou du son ordinaire ; dans cette cuve , il y aura une palette en bois pour remuer le tout avant d'y puiser ; à leur ration on joindra une poignée de fèves ou de pommes de terre.

Pour engraisser des cochons, on fera moudre ensemble deux tiers de fèves et un tiers d'avoine, d'orge ou de paumelle qu'on mettra dans une cuve expressément destinée à cet usage, puis on fera bouillir un chaudron plein de pommes de terre ; tout cela doit toujours être prêt ; on donnera trois rations par jour, en ayant soin de bien agiter le mélange chaque fois par une fermentation faite exprès par laquelle on apprendra facilement l'ouvrage ; on doit avoir soin de nettoyer l'auge avant de donner chaque ration, laquelle toujours bien tiède, mais jamais ni trop forte ni trop faible ; voilà la véritable et la moins dispendieuse nourriture pour les porcs.

8.e ACTION.

Danger du feu.

On doit défendre à toute personne de fumer la pipe où il y a danger du feu, de cuire du pain vers le soir, aux petits enfants de jouer avec du feu ou des allumettes chimiques, de mettre les cendres dans la cave ou sur le grenier avant le huitième jour de l'enlèvement du foyer, de les jeter au fumier ; ne pas négliger de bien faire ramoner, au moins une fois chaque année, les cheminées dans lesquelles on fait du feu , car il n'est rien de si malheureux que les incendies, qui arrivent souvent par imprudence.

9.ᶜ ACTION.

Travaux généraux.

Fermiers , dans toutes nos actions en général , dans tout ce qui concerne les bonnes règles , à n'importe quel travail nous soyons occupés , nous ne devons jamais perdre le beau temps , mais être sur nos gardes pour le saisir. Dans notre Flandre , le sol doit être tenu sec au moyen du drainage ou des fossés bien entretenus et curés à la profondeur de 85 à 90 centimètres ; enfin , c'est au fermier d'apprécier cela : pour les terres à labour, on doit procurer annuellement un dixième d'engrais en sus de celui du produit ordinaire , au cas qu'on n'ait pas de prés à foin à récolter. En temps de santé , nous devons nous lever au point du jour, faire nos

prières du matin, donner bon exemple à nos enfants et à nos sujets, ne point les faire courir les
uns après les autres sans nécessité, soigner nous-
mêmes nos bestiaux pendant l'hiver ou du moins
aider à cet ouvrage ; visiter souvent les alentours
de notre ferme , nos terres, nos herbages , une
bêche à la main, pour extirper par hasard les mauvaises herbes ou les plantes nuisibles, soigner notre
grenier, avoir assez de farine pour notre consom-
mation, être en possession de tous les instruments
aratoires , lesquels doivent être bien entretenus et
avoir chacun sa place ; jeter en passant, à droite ou
à gauche , un coup-d'œil sur tout ce qui nous regarde et mettre en ordre ce que nous trouverons
tant soit peu dérangé ; quoique nous ne travaillions
pas avec nos ouvriers, nous serons souvent à côté
d'eux et nous réprimanderons avec douceur celui
qui ne travaille pas à notre gré.

10.ᵉ ACTION.

Réprimande au Fermier.

Au lieu de se trouver, la houe à la main, sur
les bords des pièces où ses chevaux travaillent, et

de voir tout ce qui s'y fait, un fermier paresseux
est souvent assis au coin du feu et s'amuse avec
ses enfants ou avec des bagatelles qui ne produisent rien ; il appréhende même de bouger du feu
pour aller vendre une vache au marché ; enfin ses
champs et ses pâturages deviennent de véritables
garennes ; il dégrade la ferme, et le propriétaire
se voit obligé, pour être payé, de faire tenir vente
du mobilier du fermier, lequel reçoit son congé et
est, par sa propre négligence, réduit à la misère
avec son épouse et ses enfants.

11.ᵉ ACTION.

Leçon au Fermier.

Comprenez-le bien, c'est pour éviter notre mal-
heur ; mais un grand nombre font le sourd, ont les
mains et les yeux fermés, oublient les bons con-
seils qu'on leur donne ; suivant leurs penchants, les
uns sont ivrognes, jour et nuit au cabaret ; les au-
autres violent même la foi conjugale, deux grands
défauts ; d'autres encore gardent trop le lit et ne se
lèvent que pour rester au coin du feu en se brûlant

le devant des jambes : ceux-là altèrent leur santé et leur bourse et deviennent mendiants.

O fermiers négligents ! foulons aux pieds nos faiblesses , relevons notre courage, tâchons de bien élever nos enfants et d'enseigner à nos ouvriers leurs devoirs ; n'oublions jamais ce précepte , afin que nous puissions donner le bon exemple aux autres cultivateurs ; soignons bien le troupeau , lorsque nous sommes jeunes , pour que nous en profitions dans la vieillesse.

12.ᵉ ACTION.

Inspection par le propriétaire.

La nature de l'homme étant généralement portée à la paresse , il est urgent que le propriétaire fasse, chaque année , avant la mi-octobre au plus tard , une inspection sur toutes les terres de la ferme , et soit accompagné de son fermier, alors il connaîtra l'activité du cultivateur ; il verra aussi si les terres sont bien fumées, les fossés bien entretenus, si tout est propre et bien dégagé de toutes mauvaises herbes et de toutes ordures.

13.ᵉ ACTION.

Souper du dimanche.

Nous, fermiers, ainsi que nos femmes, nos grands enfants et nos sujets, ne devons jamais, sans nécessité, perdre le souper chez nous, lequel doit avoir lieu les dimanches et les jours de fête, à six heures précises en hiver, et à huit heures et demie en été. Après le souper, on doit passer la soirée chez soi, puis faire ses prières.

14.ᵉ ACTION.

Etables à visiter le soir.

Aussi longtemps que les vaches sont à l'étable, nous devons, pendant que nos enfants sont jeunes, prendre nous-mêmes la lanterne à huit heures du soir, et, accompagnés d'un de nos gens, faire l'inspection de nos bestiaux pour s'assurer si tout est en bon ordre ; lorsque nos enfants sont grands et bien portants, c'est à eux de remplir cette tâche

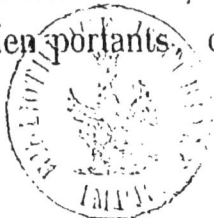

sous notre surveillance ; en tout cas, prendre garde du feu.

Surveillons de près les serviteurs qui soignent nos bestiaux, afin que ceux-ci conservent leur embonpoint ; nous devons être présents pour abreuver, le matin, ce qui a lieu vers huit heures, faire nettoyer les étables, examiner si les bestiaux boivent bien, si on épand suffisamment le fumier autour de la place ordinaire ; c'est toujours la même personne qui doit faire la ration en graine ; quant à la paille, on doit la donner par alternation, mais toujours à temps limité ; pour le foin, on ne doit donner qu'une demi-portion à la fois, c'est-à-dire une botte de 2 à 4 kilog.

15.ᵉ ACTION.

Inspection par le Fermier.

Lorsque nous avons abreuvé les bestiaux le matin, il est de nos intérêts de faire une visite dans la grange pour voir les travaux qui y ont été faits ; de faire, si le temps le permet, une promenade dans la pâture, une bêche à la main, pour extirper parfois quelques plantes nuisibles ; de faire, après midi, une tournée dans les champs pour voir dans quel état ils se trouvent, de retourner à quatre heures pour voir abreuver les bestiaux et y assister au besoin ; n'oublions pas de visiter de temps à autre notre écanguerie au lin ; il est très-facile, très-agréable et très-amusant de faire cela, au lieu de dépenser son argent en pure perte ou bien de rester assis au coin du feu et de se brûler les jambes.

16.e ACTION.

Extirper les ronces.

La saison du blé finie, nous devons commencer, quand nous avons le temps, à arracher et à extirper les ronces, les chardons et les orties qui se trouvent le long des haies et dans la pâture, cela doit être fait par le vacher et souvent par nous-mêmes en passant, n'importe en quel temps ; ne soyons jamais oisifs : un fermier qui néglige ces petits ouvrages ne mérite par d'occuper une ferme, car il fait une grande honte au propriétaire du fonds qu'il occupe ; n'oublions pas non plus d'épandre les bouses et de mettre au besoin les trappes aux taupes ; en un mot, tout dans les pâturages doit être propre, net et dégagé de toutes mauvaises herbes et de toutes plantes nuisibles ; c'est ce que doit faire un bon cultivateur.

17.ᵉ ACTION.

Grenier à soigner.

Bien que les moulins aux greniers soient en vogue, un bon cultivateur a besoin de cribles pour presque toute sorte de grains ; il doit bien soigner son grenier, toujours le matin ; être très-pressé chaque fois qu'il prépare des graines pour les vendre, remuer le restant, notamment en temps de chaleur, avoir de la farine pour cuire au moins quatre fois, la mettre dans quatre sacs auxquels on aura soin de donner souvent un demi-tour, faire en sorte que la charge du meunier soit prête à son arrivée, toujours la mesurer et la peser ; qu'il mette au moulin une provision de blés pour les moudre pendant et même avant la moisson pour ne pas être gêné pendant ce temps ; tout grain, pour se bien conserver, doit être placé dans la partie du grenier la plus froide et remué de temps en temps, surtout quand il fait chaud.

18.ᶜ ACTION.

Propreté des vaches.

Pour que les vaches soient propres à l'étable, on doit les peigner presque tous les jours et bien les garantir des ordures nuisibles à leur santé. Lorsqu'elles seront atteintes de la corruption, il sera constant qu'elles n'auront pas été bien soignées ; alors on doit les laver avec de l'eau chaude dans laquelle on mettra de la poussière de tabac qu'on aura fait bouillir ; cela se fait de jour à autre, jusqu'à ce qu'elles soient devenues bien propres ; quant à la quantité de tabac, on prendra un demi-kilog. pour dix à douze vaches.

Ce qu'on vient de dire concernant les vaches, peut aussi se faire à l'égard des porcs, mais la quantité de tabac doit être plus petite.

19.ᶜ ACTION.

Boisson laxative.

Cette boisson est salutaire pour tous les bes-

tiaux en général et notamment pour les juments
en portée ; c'est pourquoi on placera dans l'écurie
une cuve remplie d'eau avec des tourteaux de
graine de lin et du son ordinaire, afin de leur en
donner à boire ; si on est bon cultivateur, on tien-
dra des juments de première qualité pour élever des
poulains ; dans le cas contraire, on ne doit pas
élever des poulains, mais souvent changer de chevaux, et, lorsqu'ils seront devenus à un prix élevé,
on les vendra et on en élèvera de jeunes.

Le fermier veillera attentivement l'écurie, il
préparera lui-même les graines destinées aux chevaux, il en fixera la mesure.

20.ᶜ ACTION.

Pour faire du fumier.

On déposera tous les engrais dans le même en-
clos, à la cour ; on ne laissera que peu ou point
d'eau dans le fond ; les engrais qui se trouvent
près les portes des étables doivent être rejetés sur
l'autre bord du fumier ; quelquefois, pendant l'hiver, et, selon le temps, pendant l'été, on cherchera

quelques voitures de sable qu'on mettra sur un monceau , près du fumier, pour épandre de temps en temps et peu à la fois sur les côtés les plus éloignés de la porte des étables ; enfin on travaillera le fumier de manière qu'il soit partout également compacte ; on répandra de temps en temps tout le fumier que l'on peut ramasser des cochons , des veaux , des chevaux , et de toute autre paille ; au besoin , on nettoiera la grange avant la moisson , on jettera toujours dessus et on partagera bien pour conserver et agrandir celui d'en-dessous ; on gagne ainsi plus qu'on ne pense ; observez-le bien , fermiers , c'est le travail des bras et l'intelligence de l'homme qui le font vivre ; ôtez à l'homme son esprit, il n'est plus rien.

21.e ACTION.

Charrier le fumier.

C'est vers le 1er octobre qu'on doit charrier le fumier de la basse-cour, sur les terres où l'on doit semer du blé ; le fermier sera présent , le crochet à la main , pour assister et pour partager le fumier en petits monceaux à son gré ; il aura soin de faire épandre, en temps et lieu, ces petits monceaux partout égaux sans laisser de débris.

22.ᵉ ACTION.

Apprêts pendant l'hiver.

Au fur et à mesure qu'on fait du fumier de grange dit *kaf-mest*, on doit y entremêler du sable, toujours peu à la fois ; vers le printemps, le charrier aux endroits les plus maigres de la pâture ; on doit aussi, durant l'hiver, apprêter tous ses grains pour la semence de mars et faire en sorte d'en avoir de première qualité, afin qu'on ne soit nullement gêné dans la saison ; c'est aussi vers le printemps qu'on doit serrer les pâturages et les prés à foin, en y faisant passer un tour de rouleau dans les temps humides et doux.

23.ᵉ ACTION.

Ouvrages manuels.

Avant de commencer la saison de mars, on ne doit pas oublier les ouvrages de la main, aux beaux jours du printemps ; dans les haies et les bois, tout doit être fait pour le 25 avril au plus tard, afin qu'on soit prêt avec tous ses gens pour défricher les blés et les fèves et pour sarcler ensuite son grain en temps ordinaire.

24.e ACTION.

Élagage des arbres.

Je vous fais observer de ne point oublier de faire élaguer les arbres et de les dégazonner en temps et lieu, afin que le propriétaire ne puisse pas vous réprimander sur ce point : on doit aussi armer les jeunes arbres qui sont autour des pâturages, afin de les garantir contre les attaques des bestiaux et ne laisser aucuns débris dans ces pâturages.

25.e ACTION.

Accidents par imprudence.

Si nous avons eu l'imprudence de laisser quelques débris de l'élagage ou autre bois vert dans la pâture ou sur la basse-cour, et que nos veaux, nos cochons ou nos autres bestiaux aient, en mâchant ces débris, pris l'habitude d'écorcer les jeunes arbres, nous devons, sans différer, nous placer près des bestiaux pour connaître ceux qui prennent ce défaut, les mener à l'étable pour couper un petit bout de la langue tous les sept à huit jours, jusqu'à ce qu'ils l'aient oublié; pour les cochons, on casse, avec la tricoise, quelques dents à la mâchoire inférieure.

26.ᵉ ACTION.

Accidents par cas fortuit.

Aussitôt qu'il dégèle, pendant un hiver rigoureux, examinons bien notre semence de blé; si nous pouvons tirer par-ci par-là quelques pousses, sans emporter la graine, notre blé sera gelé; il en sera de même si nous voyons le blé fané (verstooken) : dans cette circonstance, si le temps le permet, on ne doit pas tarder un seul moment à resemer sur les mêmes blés gelés et n'employer que la moitié de la semence ordinaire; tâchons de bien couvrir la graine avec une petite herse; passé le 1ᵉʳ février, je conseille de ne point resemer avec le blé d'hiver et d'attendre alors les beaux jours de mars pour resemer avec le blé de mars ; une fois le blé gelé, on ne doit plus compter sur celui qui reste, car ce ne sont que les graines qui étaient tombées au fond du sillon et qui ne produiront presque rien. On ne doit pas oublier le chaulage : au lieu de chaux, prenons le double de sel et semons immédiatement.

27.ᵉ ACTION.

Instruments pour la culture en place.

On doit être bien muni de toutes sortes d'instruments aratoires nécessaires à son état ; après s'en être servi, les remettre chacun à sa place, les bien conserver sous le toit et les tenir toujours bien propres et en bon état.

28.ᵉ ACTION.

Anneaux aux porcs.

A toute époque de l'année, on doit veiller à ce qu'aucun porc ne perde ses anneaux et en avoir

toujours quelques-uns en réserve, afin de les remettre au besoin ; ayons soin de ne jamais laisser
rompre notre pâture par les porcs.

29.ᶜ ACTION.

Taupes à attraper.

Ne laissons pas abîmer nos pâtures par les taupes ; pour les détruire, il faut les attraper, sans
gêne, de la manière suivante : les taupes ont leurs
grandes routes dans la terre, le long d'une haie ou
d'un fossé ; ainsi, quand on a découvert cette route,
on y placera, dans une ouverture faite exprès,
deux trappes opposées l'une à l'autre ; après avoir
bien placé les trappes, on aura soin de bien bou-
cher l'ouverture avec un gazon ; cela fait, on les
visite à loisir ; bel amusement et profitable en
même temps pour un fermier actif.

30.ᶜ ACTION.

L'herbe doit être mangée en temps.

Vers le temps où on doit mettre ses bestiaux en

pâture, on prendra garde de ne point laisser ger-
mer l'herbe en semence ; il n'en est pas ainsi du
regain des trèfles pour lequel on attendra jusque
vers le mois de novembre, car c'est à cette époque
que les trèfles commencent à perdre leur virus : il
ne faut commencer à les faire manger que lorsqu'on
les voit se faner, encore faut-il donner le matin une
demi-botte de paille à chaque vache.

31 ᵉ ACTION.

Sol à sonder.

Nous, fermiers, devons nous-mêmes sonder la
profondeur fertile de notre champ de culture, car
les terres n'ont pas toutes un fond égal ; un fermier
qui ne donne pas à ses terres un labour profond ne
profite pas beaucoup ; mais cependant chacun doit
bien connaître la portée de ses terres, ce n'est
pas à moi de juger ; au printemps (si toutefois le
temps le permet), on ne doit pas épargner le rouleau pour bien serrer la terre ; le sol que nous en-
graissons doit être doucement approfondi depuis
10 jusqu'à près de 14 centimètres, selon le lieu ;
c'est au fermier de connaître le sol de ses terres.

2*

32.ᵉ ACTION.

Ouverture des champs.

Aussitôt que la récolte est enlevée, on doit, si le temps le permet, labourer les chaumes à peu de profondeur, ayant soin de bien faire affiler les socs des charrues pour détruire toute l'herbe et les ordures ; ensuite on choisira le beau temps pour herser avec une herse faite exprès, à dents longues et spacieuses, aussi bien affilées. Fermiers, faites bien attention à ceci : faites atteler les chevaux de manière que toutes les dents fonctionnent ; ayez soin de ne point laisser traîner la herse, soyez souvent présents à ce travail, la houe à la main, pour nettoyer les coins des pièces ; examinez en outre si le conducteur travaille bien, s'il ne massacre pas ses chevaux, s'il n'abîme point la terre, comme cela arrive souvent.

33.ᵉ ACTION.

Des herses.

Un bon fermier doit toujours avoir des dents de

herse en réserve, afin d'en remettre au besoin, et posséder plusieurs herses : 1° pour les chaumes, une à dents longues et spacieuses; 2° une autre un peu plus drue pour toute sorte de terres à labour; 3° une troisième encore un peu plus drue uniquement pour la saison de blé; 4° une à 40 dents pour la semence de la graine de lin; 5° enfin une à 60 dents en fer posées droit pour herser le blé au printemps.

34.ᵉ ACTION.

Sauf les linières (voir act. 69 et colza act. 77), les chaumes n'ont nullement besoin d'être labourés une seconde fois; lorsqu'ils ont reçu un premier labour qui est bon, au cas qu'on aperçoive quelque verdure, on y donnera un trait de herse bien affilée.

35.ᵉ ACTION.

Labour des jachères.

Vers la fin du mois de mars, on commencera à labourer les jachères à une profondeur de 10 centimètres, on approfondira de mois en mois jusqu'à 14 centimètres, y compris le sillon; vers la fin de juillet, on hersera au long et au large entre chaque labour, puis on fumera dans le mois d'août, on fera un petit sillon de 8 à 10 centimètres de profondeur pour donner fond à la terre ; on hersera au besoin pendant l'automne et on sèmera en temps ordinaire ; si on a des terres glaises, je dois faire observer de les marner pour les tenir ouvertes.

36.ᵉ ACTION.

Changement des récoltes.

On sème le blé : 1° dans les jachères, puis au printemps on y sème de la graine de trèfle ; 2° après la récolte de trèfle, on sème du blé ; 3° après la récolte de blé, on sème de la graine de lin ; 4° après la récolte de lin, on sème du blé ; 5° après ce blé, on plante des fèves, 6° après les fèves, on sème du blé ; 7° après ce blé, on met la grisaille (kruydt) bien mélangée avec des fèves ; 8° après la grisaille, on sème du blé ; 9° après ce blé, on sème de l'avoine ; 10° après l'avoine, on fera des jachères, soit pour tabac, pour colza, pour haricots, pour pommes de terre, camomille, betteraves, sarrasin, ou autres légumes.

37.ᶜ ACTION.

Observations sur la semence de blé.

Si beau que soit le blé , son germe a une douceur qui nous ruinerait, si nous ne cherchions à y porter remède ; voici comment on éteint cette douceur : on donne une âcreté au blé ; pour cela, on prépare, quelque temps avant la saison, un demi hectolitre de chaux pour dix hectolitres de blé ; on prend un dixième de cette chaux, on y met un litre de sel, même un peu plus ; on y verse quatre litres d'eau, on mélange le tout dans un seau ; puis tout étant bien mêlé et fondu ensemble , on verse ce mélange sur un hectolitre de blé , ayant soin de bien amalgamer le tout jusqu'à ce que la substance soit trempée au blé ; on laisse ce blé bien sécher avant de le semer ; on peut arranger ainsi une plus grande quantité de blé à la fois pour ne pas éprouver d'embarras pendant la saison , alors il n'y a qu'à remuer avec la pelle de temps en temps ; on prend au fur et à mesure ce dont on a besoin pour semer.

38.ᵉ ACTION.

Blé de semence.

Pour avoir de la semence de blé de première qualité, on doit semer du blé jaunâtre, bien rempli, glissant à la main, dans les terres appelées jachères de haricots, de pommes de terre, de camomille ; ne pas oublier de bien fumer ces terres.

39.ᵉ ACTION.

Labour pour semer le blé.

Vers le 25 octobre, on commence à labourer les chaumes de trèfles pour la saison de blé, laquelle doit avoir lieu à commencer vers les derniers jours du même mois ; pour la semence de blé, la profondeur du sillon doit être moindre que pour les autres ; cette profondeur sera d'environ 11 à 12 centimètres. Le labour fini, on doit, si le temps le permet, y faire passer le rouleau et semer immédiatement ; les autres terres doivent être labourées à une profondeur d'environ 13 à 14 centimètres : je vous le répète, ce n'est pas moi qui laboure la terre, c'est au fermier de connaître le sol et de bien peser les engrais qui sont en dedans ; ainsi , pour ne point se tromper, on doit commencer à la profondeur de 12 centimètres tout ce qui n'est point chaumes à trèfles et approfondir, au fur et à mesure qu'on y met du fumier ; les premières pièces à ensemencer après les chaumes de trèfles sont les jachères nues de colza et de tabac ; après celles-là, les chaumes de fèves, puis de haricots, de pommes de terre , de camomille ; les terres dans lesquelles on a récolté du lin doivent être ensemencées les dernières ; la saison une fois commencée , on ne doit pas différer un seul jour, sauf urgence ; pour bien, elle doit être terminée pour le 25 novembre ; après avoir été chaulé, le blé barbu se sème le dernier dans les terres maigres.

40.ᵉ ACTION.

Observations pour semer ou planter.

Ne semez jamais les grains trop dru , mais partagez bien votre semence ; il en est de même des graines à planter : ayez soin d'avoir toujours des graines de première qualité pour une pièce seulement, elle servira ensuite pour l'année future.

41.ᵉ ACTION.

Manière de semer le blé.

On sème toujours également avec les deux mains; la première fois, on commence à marcher à environ un mètre du bord ; épandre les graines à plus de trois mètres de largeur ; arrivé au bout de la première marche, on se retourne à peu près quatre mètres du bord, et puis toujours à deux mètres, y compris la marche ; quand il arrive dissemblance, il faut diminuer le coup avec la prise au fur et à mesure qu'on perd du terrain; enfin cet ouvrage s'apprendra facilement.

42.ᵉ ACTION.

Herser le blé semé.

Après la deuxième tournée, on peut commencer à herser, mais toujours avec une berse à dents un peu drues, comme il est dit à l'action 33, 3°, et n'employer qu'un cheval si on le peut : je fais observer ici que toute graine qui tombe au fond du sillon produit peu : on doit même atteler de manière que toutes les dents de la herse travaillent ; chaque pièce ensemencée, on doit en parcourir, une houe à la main, les bords et les coins, et couvrir les graines restées à découvert. Un demi-hectolitre de blé cru avant le chaulage suffit à un bon cultivateur pour ensemencer 35 ares 26 centiares.

43.ᵉ ACTION.

Rouler le blé au printemps.

Au commencement du printemps, on passera au moins une fois le rouleau sur les terres qui sont ensemencées en blé, lorsque celles-ci sont assez sèches, puis on laissera reposer jusqu'à ce qu'elles doivent être hersées ; si le temps le permet, on les hersera avec la petite herse à 60 dents (voir action 33, 5°), avec laquelle on peut herser le blé sans le massacrer ; ensuite on traverse le blé avec le traîneau pour aplanir la terre : au besoin, on sème de la graine de trèfle, laquelle doit être bien couverte avec la susdite herse à 60 dents ou du moins avec le racloir ; avoir soin de bien serrer la terre avec le rouleau.

44.ᵉ ACTION.

Faute commise en hersant le blé.

Je vous avouerai ici une faute que j'ai commise dans ma jeunesse, afin qu'un autre l'évite : J'avais 19 ans ; un jour, après avoir bien affilé les dents d'une petite herse à 40 dents, je vais herser les blés de mon père qui était médecin ; je pensais bien faire mon travail, mais ce fut très-mal, car je réduisais les terres en poussière et je croyais leur donner une bonne sarclure. Pendant que j'étais encore à manœuvrer sur la première pièce, un de mes voisins, bon vieillard, cultivateur, passant là, vient droit à moi et me dit : « Mon bon ami, que faites-vous ? vous hersez tout votre blé hors de la terre. » Puis il me montra une poignée des plus belles plantes : « Ce sont celles-là qui rapportent les graines au grenier ; ce sont les graines qui se nourrissent au-dessus de la terre, qui produisent des épis longs et bien remplis, et qui donnent des tiges en abondance ; il faut absolument tourner votre herse sur le dos et à l'inverse, puis la faire manœuvrer comme un traîneau ; ensuite, en la pressant, traverser votre pièce avec le traîneau, vous aplanirez ainsi votre terre ; enfin vous passerez le rouleau tant qu'il vous plaira. » J'eus beau dire qu'il restait encore assez de tiges en terre, il ajouta, en s'en allant, que toutes les tiges qui restaient provenaient de graines tombées au fond du sillon et qu'elles ne produiraient que très-peu ; enfin je suivis son avis, et je m'en suis très bien trouvé, car les blés que j'avais hersés à ma guise n'ont presque rien produit, tandis que les autres ont donné une bonne récolte ; les 35 ares ou à peu près que j'avais hersés m'ont occasionné une perte d'environ 90 à 100 fr., et si je n'avais, dans mon inexpérience, suivi le conseil de ce bon vieillard, j'eusse éprouvé une perte quinze fois plus forte. Voilà ce qui arrive bien des fois à des cultivateurs qui, s'imaginant connaître leur profession, se ruinent sans savoir comment ; pour moi, je confesse ici ma bévue, afin qu'un autre l'évite.

45.ᵉ ACTION.

Trèfles à semer dans le blé.

Après avoir aplani avec le traîneau (voir action

43) les terres ensemencées en blé, vers le mois d'avril on peut y semer de la graine de trèfle, soit deux kilogrammes et demi sur 35 ares 26 centiares ; on sème cette graine à la même marche que la graine de lin, en commençant à peu près à un mètre du bord ; avoir soin de bien l'épandre ; arrivé au bout de la première marche, on se retourne à deux mètres du bord, puis on avance toujours d'un mètre à la fois ; on partage la graine avec le pouce et les deux doigts ; on doit choisir de la graine de trèfle au corps gros, à la couleur purpurine et à la pointe verdâtre ; la graine semée, on hersera avec la herse à 60 dents, ou bien racler, et puis bien serrer la terre avec le rouleau.

46.ᵉ ACTION.

Blés à défricher.

Pour défricher les blés tout d'un coup aux premiers beaux jours du mois de mai, le fermier a besoin d'un certain nombre de petites houes faites exprès, à la façon d'un compas ouvert à la largeur de 15 centimètres, ayant chacune un manche en bois.

47.ᵉ ACTION.

Blés à sarcler.

Le blé doit être sarclé et débarrassé de toutes ordures pour le 10 juin au plus tard.

48.ᵉ ACTION.

Moissonneurs et Lieuses.

Un bon cultivateur doit avoir un moissonneur et une lieuse sur deux hectares de blé; pour lui, il sera partout et surveillera activement le travail de ses gens.

49.ᵉ ACTION.

Préparatifs pour la moisson.

Dans le temps de la moisson, les chevaux doivent se reposer, sauf urgence; tous nos gens doivent travailler à la moisson; le fermier ne s'absentera pas un seul instant de ses gens pendant la durée de la moisson; il sera actif à tout bien diriger, c'est son intérêt et son profit. Je vous fais obser-

ver de né pas attendre qu'il fasse plus beau temps
pour rentrer vos blés s'ils sont bien secs, ou de
faire des monceaux et de n'y mettre que ce que
vous pouvez rentrer dans une demi-journée, soient
2,000 gerbes ou à peu près dans chacun.

50.ᵉ ACTION.

Blés à couper.

Pour être bonne à couper, toute graine blanche
doit être devenue jaune ; on fera de petites javelles.
Durant la moisson, le fermier, autant que possible,
doit remettre toutes les affaires, jusqu'à ce que
son blé et son avoine soient dans la grange; en effet,
la perte que l'on peut essuyer pour s'absenter un
seul jour est souvent incalculable, c'est ce qui m'est
arrité à moi-même en 1816 (la plus malheureuse
année pour l'homme et les animaux domestiques).
Pour être allé un jour au marché de Saint-Omer,
j'ai perdu, pour ainsi dire, une pièce de blé de 50
ares ; le chiffre de ma perte s'est élevé, cette année
là, à environ 250 f. Je ne suis pas honteux d'avouer
mes fautes pour vous les éviter, et vous n'y tom-
berez pas en restant chez vous pour donner des

ordres pendant ce temps précieux ; lorsqu'on a coupé une pièce, on doit prévoir pour lier ; je conseille de ne jamais laisser beaucoup de javelles par terre ; engrangez les récoltes dès qu'elles sont bien sèches, même une partie à la fois si elle est seule bonne à rentrer, soit une pièce ou deux , car c'est autant de sauvé.

51.e ACTION.

Précautions pour couper quelques blés.

Au milieu de la moisson, on doit faire attention aux pièces de blé dans lesquelles on a semé de la graine de trèfle ; lorsqu'ils sont devenus un peu jaunes, on les fera couper pendant le beau temps, même avant d'avoir fini de couper les autres , et cela afin de les laisser sécher un peu avant de les lier.

52.e ACTION.

Blé entassé.

Pour entasser les grains , on doit commencer par l'endroit où on monte au tas : la première

couche sera à moitié courbée ; on aura soin de pré-
server les cîmes des gerbes de l'humidité et des
murailles ; toutes les autres couches seront plates
et unies ; on commencera toujours à côté de l'aire,
avec précaution aux murailles ; la quatrième couche
faite, si on veut conserver de vieux blés , on en
mettra une couche d'une épaisseur d'environ 5 à
6 centimètres, jamais plus ; on posera toujours al-
ternativement couche par couche ; quand on est
parvenu à la hauteur du toit, on jette quelques poi-
gnées de sable aux coins et bords pour les défendre
contre les dégâts des souris et des rats.

53.e ACTION.

Battre le blé.

Pour faire battre le blé , nous devons nous en-
tendre avec quelqu'un , chaque année, touchant le
prix, soit par cent gerbes , soit par hectare , et
bien prendre garde de ne pas être trompé par lui.

54e ACTION.

Rives à faucher.

Aussitôt les blés coupés et même avant, on doit,

si on peut, faire faucher les rives des fossés qui
ne sont point ombragés par les grains et faire de
suite transporter les foins pour les mettre ensemble
et les faire faner de la même manière que les foins
des prés ; on ne doit jamais oublier cela, lors
même qu'on n'aurait qu'une petite partie à faucher.

55.ᵉ ACTION.

Blé de mars à semer.

Au commencement du mois de mars, si le
temps est beau, on sème les blés de mars dans les
terres où on a récolté des légumes ; si ces terres
sont nouvellement labourées, on prendra garde que
la graine tombe au fond du sillon, lequel doit avoir
sa pleine profondeur ; ces blés semés comme les
blés d'hiver (voir action 44), on fait un trait de
herse au long et un autre oblique ; ne pas oublier
le chaulage.

56.ᵉ ACTION.

Blé sarrasin à semer.

On sème le sarrasin dans les jachères non fu-

3*

mées, mais bien débarrassées d'ordures, du 8 au
12 juin, sur un sillon de 12 à 13 centimètres de
profondeur; quant à la quantité à employer, on
sème 12 litres sur 35 ares 26 centiares, et au
même train que le blé (action 44); on le sème
aussi dans une pièce dont la récolte n'est pas réus-
sie pour ce temps-là, soit blé, soit fèves, soit lin
ou autre graine, mais on garde toujours à peu
près la même profondeur; après le sarrasin, on
sème du blé d'hiver, après avoir bien fumé les
terres; qualité : graine noire bien remplie, glissante à la main.

57.e ACTION.

Seigle à semer.

On sème le seigle tout cru sur le sillon, vers le
1er octobre, dans un chaume de blé, au même rè-
glement que la semence de blé (actions 44 et 42);
qualité : couleur obscure, grisâtre et glissante à la
main.

58.e ACTION.

Orge d'hiver à semer.

Avant de semer les blés, on sème, vers la fin

d'octobre, l'orge d'hiver tout cru, au même règle-
ment que les blés (voir actions 41 et 42), dans
les jachères et dans les bonnes terres ; il y en a de
deux sortes : l'orge d'hiver et l'orge de mai ; on
doit se les procurer chez une personne de confiance.
On sème 3 sixièmes d'un hectolitre et demi sur 35
ares 26 centiares; qualité : graine couleur jaunâtre,
bien remplie, glissante à la main. Je conseille d'y
semer de la graine de trèfle au printemps.

59.ᵉ ACTION.

Orge de mai à semer.

Vers la fin de mars ou au commencement d'a-
vril, on sème l'orge, dite orge de mai, aussi crue,
comme celle d'hiver, la terre arrangée comme
pour y semer la dernière avoine dans les terres
maigres. (Voir action suivante).

60.ᶜ ACTION.

Avoine à semer.

Si la terre qu'on veut ensemencer en avoine est

bonne , on doit immédiatement , après la saison de blé, la labourer à une profondeur de 14 centimè-tres et la laisser hiverner ; si le temps est beau et si la terre est assez sèche, vers la fin de février, on peut la semer sur le sillon , de la même manière que le blé (voir 41 et 42), mais on doit bien her-ser la terre au long et à l'oblique, et cela avec la herse N° 2 (voir action 33). Quant à la quantité d'avoine à semer, on emploiera 5 huitièmes d'un hectolitre et demi sur 35 ares 26 centiares ; si on veut y semer de la graine de trèfle, on doit le faire dans le mois d'avril , après avoir roulé la terre , puis on hersera au long et à l'oblique avec la pe-tite herse à 60 dents ; enfin on la serrera bien avec le rouleau.

Mais si la terre était maigre , il faudrait , avant l'hiver, y faire un sillon de 10 à 12 centimètres de profondeur , et vers la mi-mars , un autre sillon de 13 centimètres sur lequel on doit semer comme il a été prescrit ; on roule et on herse la terre comme on le juge convenable ; on fait en sorte que l'a-voine ne tombe pas au fond du sillon et que la terre soit bien serrée.

Je dois vous faire remarquer ici qu'il est temps de couper l'avoine quand elle est devenue bien jaune ; dans ce cas, on doit abandonner le blé pour couper l'avoine ; pour la qualité, elle doit être jaunâtre, courte, pesante et glissante à la main.

61.ᵉ ACTION.

Paumelle à semer.

Vers la mi-avril, il est vraiment temps de semer la paumelle ; on le fait même plus tard, quand on est obligé de la semer dans une pièce de blé qui n'a pas réussi ; on ensemence par morceaux et on la fait couvrir avec les petites houes (voir action 46), ensuite on racle la terre, et, si le temps le permet, on y fait passer le rouleau ; d'ailleurs la paumelle exige le même travail que l'orge de mai : tout cela s'apprend facilement.

62.º ACTION.

Fèves à planter.

Les terres dans lesquelles on plante des fèves doivent, avant l'hiver, être labourées à une profondeur de 12 centimètres ; celle-ci sera un peu

moindre si on ne peut les labourer avant l'hiver.
Vers la fin de février, on peut, si la terre est un
peu sèche et si le temps est assez beau, on peut,
dis-je, herser ces terres et planter ensuite ; ne jamais les planter trop dru ; 4 fèves sur 30 centimètres en ligne régulière suffisent, les lignes doivent être espacées de 30 centimètres ; quant à la
profondeur, il suffit que les fèves soient bien cou-
vertes. Lorsqu'on a planté une pièce avec la charrue, on fait un trait au long avec une petite herse
et on continue à en planter d'autres ; quelque temps
après, on y fait un trait de herse oblique : enfin,
on serre la terre avec le rouleau et on se garde
bien de blesser le germe. On plante aussi des
fèves avec de grandes houes faites exprès, légères
à la main ; on les espace comme ci-dessus, seulement on n'y passe point avec la herse après qu'elles
sont plantées ; on doit préférer, pour planter, les
fèves blanchâtres bien remplies, au corps gros,
au cul blanc ; pour en avoir de cette qualité, on
doit les éplucher pendant l'hiver pour une pièce
seulement ; on peut faire cela sans gêne, en étant
assis au coin du feu. Vers le mois de mai, il est
temps de les défricher, afin que tout soit propre,
net et dégagé de toutes ordures pour le 20 juin

tout au plus tard ; pour cela , on a besoin de houes faites exprès et bien montées comme celles qui sont destinées à défricher les blés (voir action 46), mais elles doivent être un peu plus grandes.

Les gousses des fèves une fois devenues noires, on peut les couper, et les tiges une fois devenues bien sèches, il est temps de les mettre en grange ou de faire des monceaux . Je vous fais observer ici que lorsqu'elles ne sont pas tout-à-fait sèches , on doit faire de très-petits monceaux et bien les mettre au vent, afin de les bien conserver.

63.ᵉ ACTION.

Grisaille à planter.

Lorsque les fèves sont plantées , on plante la grisaille en observant la même règle ; tantôt on la met la deuxième fois après la récolte de lin , tantôt à une autre jachère, ou on la mêle un peu avec des fèves.

64.ᵉ ACTION.

Pois à planter.

On plante les pois aux champs, avant les fèves,

et on observe les mêmes principes, seulement on les met beaucoup plus dru ; on emploie trois huitièmes et demi d'un hectolitre et demi sur 35 ares 26 centiares, les lignes ne doivent être espacées que de 27 à 28 centimètres. Quant à la qualité, je préfère la petite espèce, bien remplie, corps d'une grandeur moyenne, couleur blanchâtre, glissante à la main.

65.ᵉ ACTION.

Pois bleus à planter.

Au milieu de la saison de mars, et même plus tard, on plante des pois bleus, en observant la même règle que pour les pois blancs (action précédente); on doit les couper lorsqu'ils sont encore verts et aussitôt que possible, les mettre en petits monceaux les uns comme les autres, et ne pas oublier de couvrir chaque monceau d'un bon glui et de les rentrer quand ils sont bien secs.

66.ᵉ ACTION.

Haricots à planter.

Si le temps est beau, on plante les haricots du

10 au 20 mai, dans les jachères qu'on aura bien engraissées au printemps et labourées à une profondeur de 12 à 13 centimètres, puis, à l'époque précitée, la terre étant très-fine et bien serrée, on les plante avec la charrue ou avec la houe, on les met peu profond et par groupes de 4 à 5, à la distance de 30 centimètres en tous sens, y compris le groupe; lorsqu'ils sont plantés, on y passe légèrement le rouleau. On a soin de les bien défricher quand ils sont jeunes, et on les laisse croître jusqu'à ce que les gousses soient devenues jaunâtres, alors on les arrache, on les laisse un peu sécher, on les met autour de perches, enfin on les rentre lorsqu'ils sont bien secs; pour les battre, on met de la courte paille dans l'aire, afin de ne pas les écraser; on les conserve bien en gousses pour l'année future; dès qu'ils sont battus, le mieux est de les vendre. Qualité : corpulence, couleur blanchâtre entremêlée de raies tirant sur le pâle; on les plante aussi, en suivant les mêmes principes, dans une pièce ensemencée en lin qui n'aura pas réussi pour ce temps-là.

67.e ACTION.

Pommes de terre à planter.

Depuis la maladie des pommes de terre, on doit labourer la terre au printemps presque deux ou trois fois de suite, et lorsqu'elle est un peu sèche, aux premiers jours d'avril, on peut planter ; les lignes doivent être distantes de **60** centimètres et les morceaux de **30** centimètres , y compris les morceaux. Avant la maladie , les pommes de terre ne devaient être plantées que vers le 15 ou **20** mai: on ne doit pas réduire la terre trop en poussière avant de les planter, et lorsque la tige est hors de terre, on a soin de les bien défricher et d'arracher toutes mauvaises racines , enfin de les bien taupiner. La maladie a commencé en 1845 , elle a reparu un peu en 1856.

68.e ACTION.

Betteraves à planter.

Pendant la première quinzaine de mai, on plante la graine de betterave dans des jachères bien engraissées , la terre étant réduite très-fine et bien serrée. On la plante avec la houe, on l'espace d'environ 35 à 36 centimètres en tous sens; on mettra 3 ou 4 graines dans chaque coup de houe, afin d'avoir une bonne plante; après avoir planté, on donne à la terre un léger tour de rouleau; avoir soin de les bien défricher dans leur jeunesse. Qualité : jaunâtre.

69.ᶜ ACTION.

Camomille à semer.

Aux premiers jours de juin, à fin pour le 10, on doit semer la graine de camomille dans les jachères pourvues d'une fumure suffisante et bien dégagées de toutes mauvaises racines et ordures; la terre sera très-fine et serrée; on sème la camomille à la même allure que la graine de trèfle. Quant à la quantité, on emploie deux litres sur 35 ares 26 centiares, ensuite on herse au long et à l'oblique avec une herse à dents très-fines, enfin on roule bien la terre; la graine bien levée, on fait un tour avec les petites houes décrites à l'action 46, pour défricher ce qui est nuisible;, la camomille devenue jaunâtre, il est temps de l'arracher, et lorsqu'elle est bien sèche, on la transportera à la grange et on la battra de

suite : toujours avoir soin de ne pas perdre beaucoup de graines.

70.ᵉ ACTION.

Préparation pour semer la graine de lin.

La saison de blé finie, on doit labourer les terres
qu'on désire ensemencer en lin, à la profondeur
de 12 centimètres si c'est avant l'hiver, et à une
profondeur un peu moindre si c'est après l'hiver.
Vers la fin de février, si le temps est beau et la
terre assez sèche, on peut herser un trait au long
avec une grande herse N° 2, toutes les pièces qu'on
désire ensemencer ; c'est alors qu'on doit faire les
engrais, soit avec l'urine des bestiaux, soit avec
autre chose; après cela il ne faut plus qu'un cheval à un attelage ; on herse en long et en large, on
aplanit bien le terrain avec le traineau, puis on
sème à peu près cinq huitièmes d'un hectolitre et
demi sur 35 ares 26 centiares. Quant à la qualité,
on choisira, pour semer, la graine corpulente, couleur pâle, vive et à la pointe verdâtre, glissante à la
main. Je préfère celle de Riga, qui a ces qualités.

71.ᵉ ACTION.

Manière de semer la graine de lin.

La graine de lin se sème comme celle du blé , à pleine main ; arrivé au bout de la première marche, on se retourne toujours à un mètre , y compris la marche. On fait épandre les grains à chaque coup de main , au moins de 3 mètres en largeur; la graine semée , on la couvre bien avec une petite herse à 40 dents d'un trait au long et à l'oblique , puis on laisse bien sécher la terre avant d'y passer un tour de rouleau ; avoir soin que la terre soit bien serrée.

72.ᵉ ACTION.

Observations pour semer la graine de lin.

Je dois vous faire observer qu'il faut attendre au moins dix ans avant d'ensemencer en lin la même pièce (voir le changement de récolte action 36) ; on doit même avoir soin de ne pas ensemencer une pièce le long de laquelle on en a récolté l'année précédente.

Après avoir été labourées comme il est dit action 32, les terres dans lesquelles on a récolté du lin doivent être labourées une seconde fois, un mois après, à une profondeur un peu plus grande et hersées au besoin. Ces terres seront fumées en temps ordinaire pour semer du blé.

73.ᵉ ACTION.

Lin à récolter.

On doit commencer à arracher le lin lorsqu'il est devenu jaune ; après avoir tiré le lin, on l'arrangera par filets, en portions égales ; chacune de ces portions aura un mètre de longueur, afin qu'on puisse la tourner au besoin ; cela devra être fait avec circonspection ; le lin devenu entièrement un peu brun, il est temps de le lever, afin de laisser sécher la graine ; lorsqu'il est bien sec, on le lie en bottes et on le transporte dans la grange. Le lin une fois battu, on prendra deux de ces bottes pour faire une botte à l'eau ; on les lie avec deux liens tête en cul. Avoir soin de ne pas serrer fortement.

74.e ACTION.

Rouir le lin.

A cet effet, on met les bottes dans l'eau ; pour connaître l'état suffisant du rouissage, on tire du milieu d'une botte une tige d'une grosseur commune ; si on peut la casser aisément en la pliant à la longueur d'environ 10 à 12 centimètres et tirer l'âme aussi aisément, le rouissage est suffisant. Pour parvenir à ce résultat, on doit retourner les bottes dans l'eau chaque jour, en temps de grande chaleur ; pour être très-bon, le rouissage doit se finir dans les premiers jours du mois d'octobre.

75.e ACTION.

Sèchage du lin.

Le lin roui suffisamment, on l'ôte de l'eau, on le laisse un peu détremper, puis on charrie sur un champ ; là, on doit le partager en portions, et chaque portion sera dressée en forme d'un pain de sucre ; pour faire cet ouvrage, on saisira toujours le beau temps pour que le lin sèche un peu ce jour-là ; lorsqu'il est bien sec, on le transportera sous les toits. S'il n'est pas tout-à-fait assez sec et si on craint le mauvais temps, on peut le conserver en le mettant en petits monceaux d'à peu près 25 à 30 bottes chacun, avoir soin que le jour y pénètre : on mettra en-dessous un peu de paille avec des liens croisés, afin de le lier, et un glui au sommet.

76.ᵉ ACTION.

Colza à semer.

Vers la mi-août, on sème le colza d'hiver dans les jachères bien graissées et rendues très-fines ; cette graine se sème de la même manière que celle de trèfle (action 45) ; on emploie deux litres sur 35 ares 26 centiares ; quatre ou cinq semaines après que le colza est levé, on mettra les plantes à environ 35 centimètres les unes des autres, en tous sens ; avoir soin de bien curer les fossés d'alentour et de rigoler dans le mois de novembre.

77.ᵉ ACTION.

Colza pour replanter.

Le colza d'hiver pour replanter se sème de la

même manière que le précédent, vers le 28 juillet, mais on emploiera le double de semence. Il sera transplanté vers la fin de septembre dans un chaume de blé ou autre ; la distance des plantes ne peut excéder 25 à 26 centimètres en tous sens ; la profondeur du sillon sera de 13 à 14 centimètres.

78.e ACTION.

Colza semé dans les chaumes.

On sème le colza d'hiver dans les chaumes de blé, aussitôt le premier labour subi (voir action 32). Immédiatement après, on fumera bien ses terres, et, de suite, on labourera bien le chaume à une profondeur de 14 centimètres ; la terre sera réduite très-fine et bien serrée ; pour le bien, ce colza devra être semé pour le 10 août et arrangé comme il est indiqué action 76, seulement on le laissera un peu plus dru, soit à environ 28 centimètres en tous sens.

79.e ACTION.

Colza d'été à semer.

Du 12 au 20 mai, on sème le colza d'été dans

4

les jachères (mais cela est de la misère), ou dans une pièce de grains manqués, de la même manière que le colza d'hiver (voir action 76) ; mais on le laissera plus dru, soit de 20 à 25 centimètres, selon la force du terrain ; toute graine de colza, pour être bonne à semer, sera noire, bien remplie et glissante à la main. Cela est de confiance.

80.ᵉ ACTION.

Colza à couper.

Lorsque le colza est devenu jaune, on doit le couper avec de petites serpes ; on se gardera bien d'attendre qu'il soit devenu blanc ; après, quand il est sec, on saisira le moment convenable pour le mettre en monceaux, cependant il ne peut être ni trop sec ni trop humide ; après on labourera le chaume suivant les actions 32 et 35. Cette action exige un peu d'exactitude.

81.ᵉ ACTION.

Battre le colza.

Pour le bien, on doit battre le colza avant la

moisson, afin de ne pas être embarrassé pendant
ce temps; pour cela, on se sert d'une grande toile
d'environ 25 mètres de long sur 10 de large;
toujours avoir soin de ne pas perdre beaucoup de
graines.

82.e ACTION.

Couper les trèfles.

Aussitôt que la moitié des fleurs des trèfles est
mûre, on les coupera ; on ne perdra pas de temps
pour les bien faner; cela étant fait, on mettra sur
chaque monceau un bon glui, en forme d'un para-
pluie ouvert, pour le garantir de la pluie, car le
foin doit se reposer quelques jours avant d'être mis
sous toit . Fermiers, ne rentrons jamais les foins
trop tôt, mais ne les négligeons pas non plus. La
seconde coupe des trèfles se fait de la même manière.

83.e ACTION.

Prés à foin à faucher.

Lorsque l'herbe se transforme en couleur rou-
geâtre vers la cime , on la fauchera si le temps est
beau ; on se hâtera de la faire faner; cela fait, on

laisse les foins reposer quelques jours avant de les rentrer.

Navets à semer.

Pour le bien, les semailles de navets doivent être faites vers la fin de juillet, dans un chaume de seigle ; si on n'avait pas de chaume de seigle, il faudrait les faire dans un chaume de blé. Je fais observer ici que la veille du jour où l'on commence la moisson, on doit faire couper un morceau de blé pour y semer de suite la semence de navets, les labourer à 12 centimètres de profondeur, rouler au besoin et arroser avec l'urine des bestiaux ; semer ensuite de la même manière que la graine de trèfles (voir action 45), mais beaucoup moins dru ; la distance moyenne des navets sera au moins de 30 centimètres en tous sens ; couvrir un peu la graine avec une petite herse et rouler au besoin ; on ne ardera pas à les défricher.

85.ᵉ ACTION.

Choux à planter.

La terre étant labourée comme il est dit pour

les jachères (35ᵉ action), bien pourvue d'engrais et roulée une fois, on plante les choux sur le sillon, à la distance de 60 centimètres en tous sens : on plante un quart de sa provision vers le 15 juin, deux quarts vers le 25 et le reste vers la fin de ce mois ou dans les premiers jours de juillet.

86.ᵉ ACTION.

Trèfle anglais à semer.

Ces trèfles se sèment immédiatement après la levée de la récolte, dans un chaume de blé labouré comme les chaumes, puis on fait un sillon de 12 centimètres de profondeur ; on roule, on réduit la terre très-fin et on serre bien la terre ; alors on sème soit 5 kilogrammes de semence sur 17 ares : on couvre la graine avec une petite herse à dents très-fines et on roule bien la terre ; on sème ces trèfles seulement pour les donner tout verts aux chevaux ; après cette récolte, on met la camomille, le sarrasin ou des choux, la terre ayant été labourée à l'ordinaire, réduite très-fin, bien serrée et bien fumée.

4*

87.ᶜ ACTION.

Tabac à planter.

Pendant l'hiver, on doit bien fumer la terre dans laquelle on plantera du tabac, et de suite la labourer comme cela est prescrit pour les jachères (action 35) ; vers le mois de juin, cette terre recevra un labour de la profondeur de 14 centimètres ou même plus, et sera réduite fin, sur laquelle on mettra de *la plufine*, puis on fera un petit sillon seulement pour bien serrer la terre, la rendre encore très-fine, alors on plante du 15 au 25 ; avoir soin d'employer le cordeau ; on espace de 45 centimètres en tous sens. Ne laisser jamais plus de six feuilles sur chaque plante. Ce tabac bien défriché, arrangé et soigné, apportera une bonne récolte ; on renouvellera jusque vers le 10 juillet les plantes qui seraient mortes. Il est temps de le couper lorsqu'il est devenu bien jaunâtre, et on le fait sécher suspendu sous toit. Le tabac est un poison pour les vaches et autres animaux.

88.ᵉ ACTION.

Fruits à récolter.

On doit cueillir les fruits dès que les pépins en

sont devenus bruns ; on n'oubliera pas de descendre l'échelle, surtout la nuit, ou lorsqu'on quittera ce travail.

89.e ACTION.

Dégâts des oiseaux.

Quand on a ensemencé une pièce en blé un peu tard, on doit garantir la semence contre l'attaque des corbeaux ; pour parvenir à ce but, on fait filer de gros fils que l'on étendra au long de la pièce, à la hauteur d'un mètre : cela peut aussi servir pour la graine de lin, d'avoine et de fèves.

CONCLUSION.

Voici la conclusion de mon faible ouvrage : Je recommande à tout fermier de bien entretenir toute la ferme dans un bon état de culture, les toits des bâtiments, les trottoirs, le bousillage, le plâtrage, de curer les mares d'eau, et généralement tout ce qui concerne la ferme : cela écrit par un cultivateur propriétaire, d'une manière simple, à la portée de ses semblables, sans choix de termes de littérature, peut servir de guide fidèle à ceux qui désirent connaître cet art dans toute sa simplicité ; chacun pourra en profiter au besoin , en suivant la marche simple et naturelle que j'ai tracée. Je serais heureux et satisfait si le public daignait accueillir ce petit ouvrage de ma profession et de mes faibles connaissances.

C'est par pure philanthropie que j'ai fait ce petit livre de la profession que j'ai exercée depuis l'âge de 14 ans, en cherchant , par mes expériences , à mes frais et risques , la méthode contenue dans ce volume.

J'avoue que si , dans ma jeunesse , je l'eusse connue comme je la connais maintenant , cela m'aurait valu bien des avantages et des profits , quoique je n'aie jamais été grand cultivateur.

Je livre donc avec plaisir ce petit livre au public, afin que les cultivateurs comme les propriétaires puissent en profiter.

Rubrouck , le 1er juin 1861.

TABLE

DES MATIÈRES CONTENUES DANS CE VOLUME.

Lille. — Imp. L. Danel.

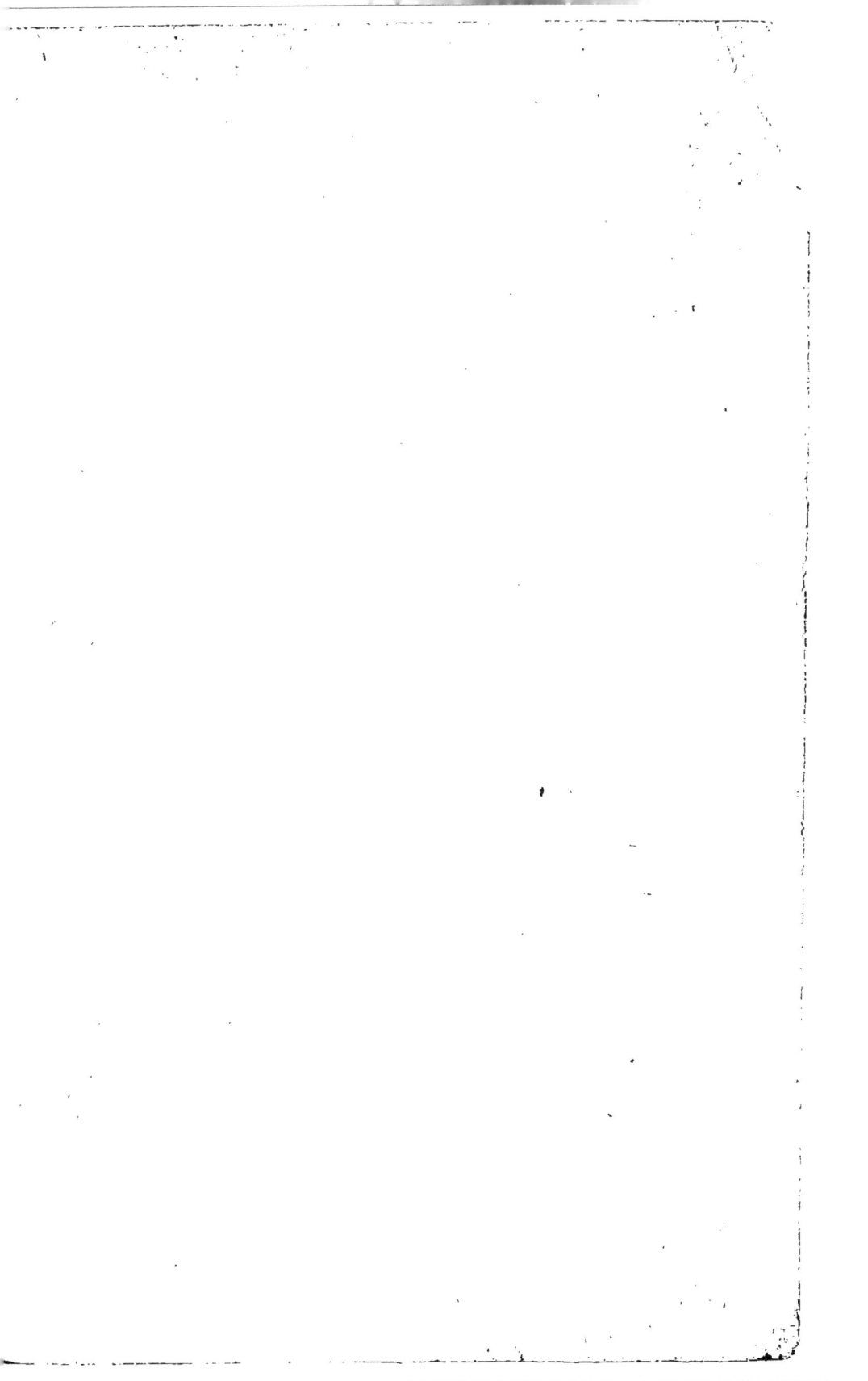

www.ingramcontent.com/pod-product-compliance
Lightning Source LLC
Chambersburg PA
CBHW070859210326
41521CB00010B/2006